en Calle de la Lectura

LA CASA DE BÁRBARA

Glenview, Illinois • Boston, Massachusetts • Chandler, Arizona
Shoreview, Minnesota • Upper Saddle River, New Jersey

Se llama Bárbara.
Se apellida Basurera.

Ella ama su casa.

Ir a su casa es fabuloso.

Bárbara llena su casa.

La llena de mucha basura.

Bárbara lleva su bella basura.

La lleva para todos lados.

Mira esa loma.
Es una loma de basura.

Bárbara ama la basura.
Vive en la basura.

¿Qué opinas?
¿No es bella la basura?